André Cochut

La Refonte
des Monnaies
de cuivre

Finance

ISBN : 978-1983862298

10 9 8 7 6 5 4 3 2 1

André Cochut

La Refonte des Monnaies de cuivre

Finance

Table de Matières

La Refonte des Monnaies de cuivre

Un des principes le plus incontestés de l'économie politique, c'est que les monnaies sont, non pas des signes arbitraires du prix des choses, mais des marchandises qu'on choisit pour étalons, parce qu'elles sont plus facilement échangeables que les autres, et qu'on accepte seulement en raison de leur valeur intrinsèque. Toutefois, dans les débats soulevés par la refonte de nos monnaies de cuivre, on a affaibli cette règle par une exception dont la portée n'a peut-être pas été suffisamment calculée. On a dit, en s'autorisant de quelques lambeaux de phrases empruntés à des économistes, que les basses pièces destinées à servir d'appoint font exception à la loi générale, qu'elles sont seulement des signes de convention auxquels on peut, sans inconvénients, assigner une valeur arbitraire. Énoncé d'une manière aussi absolue, cet amendement au principe nous semble une erreur de théorie et un danger, si on le prend à la lettre dans l'application. Il est donc utile de déterminer, en consultant l'histoire monétaire des autres peuples, jusqu'à quel point il est vrai que la monnaie de cuivre fonctionne en qualité de signe, et dans quelle mesure on peut lui attribuer sans inconvénients un cours légal supérieur à sa valeur positive. Bien que nos conclusions soient contraires au système qui vient de prévaloir au sein du corps législatif, nous n'hésitons pas à les produire, parce qu'au moment où nous écrivons, la loi n'ayant reçu ni l'assentiment du sénat, ni la sanction définitive du pouvoir, n'est encore qu'un projet, et que d'ailleurs, en signalant un danger, nous indiquons par quels moyens il serait possible de le prévenir.

Notre monnaie de cuivre est, sans contredit, la plus laide de l'Europe. Composée de sous royaux qui remontent aux premiers temps de Louis XV, des produits informes de la fonte des cloches, des émissions faites à la hâte sous le directoire, elle donnerait dans l'avenir la plus triste idée de notre civilisation, s'il en devait être un jour de la France comme de ces peuples qui ne sont plus connus que par leurs médailles. L'idée d'une refonte monétaire n'est pas nouvelle ; mais on a reculé longtemps devant la dépense qu'entraînerait le frappage d'un milliard de pièces, dépense de luxe, il faut l'avouer, car, à part leur incontestable laideur, nos vieux sous font encore passablement leur service. Vers 1842, on s'avisa d'un expédient qui paraissait trancher la difficulté. C'était de réduire à moitié le poids des pièces de cuivre, de manière à ce que la vente du métal devenu inutile payât les frais du monnayage. Un projet établi sur cette base fut déposé en 1842, débattu seulement en 1843, et rejeté après une discussion très lumineuse. Remise à l'étude vers la fin de 1847, adoptée en 1848 par le gouvernement provisoire, cette même combinaison fut écartée par l'assemblée constituante, sinon comme mauvaise, au moins comme inopportune.

L'idée primitive se retrouve au fond du projet récemment adopté par le corps législatif. Les diverses pièces de cuivre qui circulent, actuellement pour une somme d'environ 50 millions sont taillées dans la proportion de 2 grammes pour 1 centime. On est à la veille de les retirer et de les remplacer par de belles pièces de bronze de 1, 2, 5 et 10 centimes, aux poids correspondants de 1, 2, 5 et 10 grammes. Les frais de l'opération sont évalués à 7,560,000 francs ; mais, comme la réduction à moitié poids des pièces démonétisées permettrait de vendre une masse considérable de cuivre, on espère que ce recouvrement procurerait une somme supérieure à la dépense du monnayage.

Nous n'examinerons pas s'il serait avantageux pour le public que les sous fussent moitié moins lourds, ou si le peuple français est devenu tellement athénien qu'il éprouve le besoin de payer ses menues dépenses avec de belles médailles. Ce sont là des points que chacun peut décider arbitrairement, selon ses habitudes ou la nature de ses affaires. Nous resterons sur le terrain de l'économie politique et dans les limites de la thèse que nous avons posée au début.

Les monnaies doivent avoir une valeur métallique égale intrinsèquement à celle que la loi leur donne, sauf une imperceptible différence pour le coût du monnayage. Anciennement on ne faisait pas exception à ce principe pour les monnaies d'appoint. On relevait la valeur des basses pièces en introduisant dans le cuivre une quantité plus ou moins grande d'argent, mélange qui est spécialement désigné dans le monnayage par le terme de *billon*. Ce fut sous Henri III seulement qu'on commença à fabriquer avec du cuivre pur dessous et demi-sous de 12 et de 6 deniers qui reçurent vulgairement les noms de douzains et de sizains. À ne considérer que le poids, ces pièces étaient surévaluées de beaucoup ; mais, dit Poulain, vieux et habile monétaire du temps de Henri IV, il était sans inconvénients d'émettre des sous à la moitié, voire au tiers de leur valeur, « parce que la façon, qui est le *brassage* coûte toujours près des deux tiers plus que le poids de leur matière. » Jusqu'au règne de Louis XV, des pièces très diverses de poids et de titre étaient admises dans la circulation. Il y avait les douzains de Henri III, les sous de Henri IV, les blancs de Louis XIII et de Louis XIV, des sous de Besançon, d'Avignon, de Dombes, de Dauphiné, de Lorraine, dont il fallait distinguer la valeur commerciale selon le degré du billonnage. Une ordonnance de 1738 mit fin à ce désordre. Toutes les monnaies d'appoint furent refrappées sur la base de 20 sous au marc de cuivre pur, ce qui équivaut à 4 francs le kilogramme. Or, le cuivre ayant plus de valeur il y a un siècle qu'aujourd'hui, et la fabrication étant aussi plus dispendieuse, il y avait une sorte d'équilibre entre le cours nominal et le prix de revient. Depuis cette époque, le cuivre a perdu de sa valeur ; la chimie a facilité l'affinage ; grâce aux progrès de la mécanique, les procédés de fabrication sont beaucoup plus expéditifs et beaucoup moins dispendieux. Pour que le cours légal du cuivre monnayé ne dépassât plus le prix de revient, il faudrait donner aux pièces un volume qui les rendrait impropres à la circulation ; mais l'expérience a démontré qu'il n'est pas nécessaire d'équilibrer exactement le titre et la valeur réelle, parce que les contrefacteurs en grand, les seuls qui soient à craindre, sont obligés de céder leurs pièces fausses à leurs affidés bien au-dessous du cours commercial. Il est donc sans inconvénient de surévaluer un peu la menue monnaie. La mesure à observer consiste à pondérer les pièces de telle sorte qu'après compte fait du métal et de la main-d'œuvre, la différence entre le prix de revient et le cours légal ne soit pas assez forte pour tenter irrésistiblement les contrefacteurs. Tel est le principe dicté par le bon sens.

Sous le régime qui subsiste encore, un kilogramme de cuivre monnayé en pièces de 1 et de 2 sous, dont le prix de revient, matière et fabrication comprises, serait environ de 3 francs 25 centimes, circule dans le public pour 5 francs. Le projet de loi en discussion a pour but de réduire à moitié la matière employée, de sorte que, le prix de revient du métal et de la main-d'œuvre pour les pièces de 5 et de 10 centimes étant approximativement de 3 francs 60 cent. par kilogramme, cette même quantité aurait cours pour 10 francs. Au lieu d'une surévaluation de 53 pour 100 que présentent les vieux sous, le système nouveau aura pour effet de porter la différence à 177 pour 100.

De ce que les sous ont un cours nécessairement supérieur à leur prix comme marchandise, faut-il donc conclure qu'on peut élargir indéfiniment la disproportion ? On l'a proclamé en invoquant le témoignage de Say, qui appelle les pièces de cuivre « des espèces de billets de confiance ; » mais ce n'est là qu'une simple métaphore que Say explique et corrige aussitôt en ajoutant : « Le gouvernement qui met en circulation ces billets de confiance devrait toujours les échanger à bureau ouvert contre de l'argent, du moment qu'on lui en rapporterait un nombre suffisant pour égaler une pièce d'argent. C'est le seul moyen de s'assurer qu'il n'en reste pas dans le public au-delà de ce qu'en réclament les menus échanges et les appoints. » Si le billet de cuivre était en effet remboursable à bureau ouvert comme le papier de banque, ce serait une monnaie fiduciaire dans toute la force du terme, et peu importerait alors que la pièce fût plus ou moins lourde. Si ce remboursement ne doit pas avoir lieu, il faut se garder de réduire, par l'affaiblissement du poids, la garantie déjà insuffisante que le billet de cuivre porte en lui-même.

Nous sommes de ceux qui tiennent grand compte des faits, et notre conviction serait fort ébranlée, s'il était vrai, comme on l'a affirmé dans l'exposé des motifs, que la plupart des peuples de l'Europe eussent des monnaies d'appoint plus légères que les nôtres. Malheureusement il est fort à craindre que cette assertion ne soit le résultat d'une erreur matérielle.

Lorsqu'après une longue résistance, M. Humann se décida, en 1842, à proposer la mesure que nous étudions, il annexa à son exposé des motifs un tableau servant à comparer la valeur intrinsèque et la valeur fictive des pièces de cuivre dans les autres pays. Il paraissait ressortir de ce document que la France, en rognant sa menue monnaie, tendait à se mettre en harmonie avec les autres nations commerçantes. Le projet de M. Humann n'ayant pas été discuté, il fut reproduit l'année suivante par M. Lacave-Laplagne, mais avec un autre exposé des motifs. Or, dans la discussion engagée sur le rapport favorable de M. Pouillet, un orateur qui avait approfondi la question, M. Bureau de Pusy, fit remarquer en termes assez vifs que les indications fournies par le gouvernement, quant à la valeur des pièces étrangères, étaient le plus souvent erronées. Pour plusieurs pays, on avait constaté seulement les poids, sans tenir compte de la matière qui était rehaussée par des alliages, de sorte qu'une pièce plus petite que les nôtres avait cependant une valeur commerciale supérieure. Cette inadvertance avait eu lieu notamment à l'égard de l'Autriche et de la Prusse. Ce dernier pays, suivant M. Bureau de Pusy, ne possède que pour 15 millions de menue monnaie. Les quatre cinquièmes de cette somme, représentés par des pièces de quatre pfennings en billon, valent intrinsèquement les sept huitièmes de leur valeur courante, de sorte qu'on atteindrait le pair en ajoutant au prix de la matière celui du monnayage. Il y a en outre pour 3 millions de simples pfennings en cuivre pur, dont la valeur métallique est moindre parce que les frais de la main-d'œuvre sont beaucoup plus multipliés. Voilà un système monétaire tout-à-fait à l'abri de la contrefaçon. Pour la Russie, ajoutait encore M. Bureau de Pusy, le tableau mentionne une pièce de faible poids, le kopeck de 6 gr. 85 centigr., émis au cours de 4 cent., fabriqué en 1810, pendant la détresse de l'empire ; mais cette espèce a été démonétisée en des jours meilleurs, et aujourd'hui le kopeck, pesant 10 gr. 23 centig. et valant 4 cent., présente une valeur intrinsèque excédant de 20 pour 100 celle de nos sous actuels, et qui dépasserait de 158 pour 100 celle des sous décimaux qu'il s'agit de fabriquer. Appelé à la tribune par l'émotion de la chambre, le rapporteur déclara que les observations de M. Bureau de Pusy étaient parfaitement justes, que l'inexactitude des renseignements transmis à l'administration avait été reconnue, et que, pour cette raison, le gouvernement avait évité de reproduire en 1843 le tableau annexé au projet de loi de 1842.

Les rédacteurs du nouvel exposé des motifs ont-ils ignoré ces détails ? Il y a lieu de le craindre, puisque les évaluations monétaires qu'ils énoncent paraissent empruntées au tableau de 1842. Voilà donc une des plus importantes parties de leur argumentation qui s'écroule. Il est incontestable que l'Angleterre, l'Espagne, le Danemark, la Suède, la Belgique, les États-Unis d'Amérique, ont, pour leurs monnaies d'appoint, un système correspondant à celui qui est encore en vigueur chez nous. Si les rectifications proposées par M. Bureau de Pusy pour la Russie, la Prusse et l'Autriche, sont admises, il faudra reconnaître que la proportion d'environ 20 grammes au décime est une mesure métallique consacrée par une expérience à peu près générale, et qu'en réduisant brusquement cette mesure à moitié, la France va se mettre en désaccord avec presque tous les peuples.

On a beau dire que la monnaie d'appoint n'est qu'un signe, il n'en est pas moins vrai qu'on n'a jamais affaibli son poids au-dessous d'une certaine limite sans causer de grandes perturbations. Citons quelques exemples.

Le monnayage du cuivre tient une place importante dans l'histoire de Russie. Au sortir de cet âge barbare où les Russes se transmettaient des petits morceaux de cuir timbrés, remboursables en peaux et en fourrures, le tsar Alexis eut la fantaisie de décréter que le cuivre aurait à l'avenir la même valeur que l'argent. Depuis 1653, date du décret, jusqu'en 1655, ce prince réussit à maintenir les deux métaux en équilibre, et ce fut, on peut le dire, un des chefs-d'œuvre du despotisme ; mais enfin les supplices les plus cruels n'empêchèrent pas qu'on n'échangeât deux, trois, et successivement jusqu'à quinze pièces de cuivre contre une pièce d'argent, Il aurait fallu aller jusqu'à cent pour atteindre le pair ; mais, en 1663, une révolte furieuse donna au tyran une leçon d'économie politique. Pierre-le-Grand se rapprocha de l'ordre naturel en faisant du cuivre une monnaie d'appoint : il eut le tort seulement de la surévaluer arbitrairement, en lui attribuant une puissance commerciale dépassant son prix naturel de 300/100 d'abord, et ensuite de 560/100. Cette proportion fut maintenue sous les deux règnes suivants. Comme on avait besoin d'or et d'argent pour nouer des communications avec l'Europe, on augmenta démesurément pour l'intérieur cette monnaie de cuivre, dont la valeur intrinsèque était arbitrairement quintuplée. L'état en avait fabriqué pour une somme équivalant à 16 millions de fr. (4 millions de roubles) : la contrefaçon extérieure en introduisit pour 25 à 30 millions. Par suite de cette manœuvre, les étrangers payaient les marchandises russes cinq ou six fois moins que leur prix réel, tandis que la dépréciation du cuivre, déterminant la hausse des menues denrées, infligeait aux pauvres des pertes de tous les instants. Les souffrances devinrent si vives, que le gouvernement en prit l'alarme. On se jeta dans une exagération opposée, en élevant la valeur intrinsèque des monnaies de cuivre au pair de leur valeur nominale. On pense bien qu'un tel changement ne s'opéra pas sans une perte énorme pour le gouvernement, et sans un agiotage désastreux pour la foule ignorante. On se rapprocha, vers le milieu du siècle, de la combinaison la plus généralement adoptée en Europe, qui consiste à doubler la valeur intrinsèque du métal, de telle façon qu'avec les frais du monnayage la plus-value ne soit pas assez forte pour tenter les faussaires. Cette proportion fut observée de 1757 à 1810. À cette dernière date, les besoins de la guerre et la perturbation occasionnée par la monnaie de papier semblaient justifier un affaiblissement de poids ; mais, chose bien remarquable, que nous trouvons dans un livre écrit pour l'éducation du prince qui règne actuellement en Russie,[1] les effets de cette dégradation se manifestèrent sur-le-champ dans le prix du travail et le cours des marchandises « tant il est vrai, ajoute l'auteur que nous citons, qu'il vaut mieux supporter un vice léger dans les monnaies que d'y remédier, si on ne le peut faire qu'en altérant leur valeur. » Cette leçon ne fut pas perdue, car en 1839 l'empereur Nicolas rendit aux monnaies de cuivre le poids et la valeur qu'elles avaient au siècle dernier.

L'histoire financière de l'Espagne offre un exemple qui fit sensation en Europe au commencement du XVIIe siècle. Il était excusable de mépriser le cuivre chez un peuple qui possédait les mines du Mexique et du Pérou. Le présomptueux favori de Philippe III, le duc de Lerme, imagina donc, en 1603, de procurer un bénéfice au trésor royal en émettant des petites pièces de cuivre appelées *quartillos*, parce qu'elles étaient destinées à représenter le quart du réal d'argent. Les pièces ainsi dénommées, faites de billon pendant le moyen-âge, avaient été maintenues au pair jusqu'au règne de Charles-Quint. Philippe II avait commencé à réduire la quantité d'argent contenue dans le billon et rétréci le volume des pièces. Le ministre de Philippe III venait de supprimer complètement l'alliage d'argent, et d'abaisser à moitié le poids du cuivre, de sorte que la valeur nominale dépassait de 250 pour 100 la valeur intrinsèque. Pour comble d'imprévoyance, on n'avait pas songé à limiter la proportion du cuivre admissible dans les paiements. La contrefaçon s'organisa de toutes parts, et sur une si vaste échelle, qu'il arriva une fois au gouvernement français de saisir à Dieppe un bâtiment

---

1 Le *Cours d'Economie politique* de Henri Storch, t. IV, note XIII.

uniquement chargé de *quartillos*. L'émission totale avait été portée à 6 millions de ducats (49,650,000 francs), somme déjà bien considérable pour l'époque : on constata qu'il en avait été introduit trois fois plus dans le seul royaume de Castille. Bientôt se manifestèrent des phénomènes dont tout le monde se rend compte aujourd'hui, mais qui, à cette époque, causèrent une stupeur générale. L'or et l'argent, remplacés par le cuivre, disparurent de la circulation. Acquittés en espèces dépréciées, les impôts et les créances particulières se trouvèrent par le fait réduits de moitié. On ressentit dans les prix de toutes choses des mouvements de hausse factice, correspondant à l'avilissement du signe monétaire. Bref, le désordre et l'irritation furent tels qu'ils contribuèrent pour la plus grande part à déterminer une crise politique. Une convocation des états-généraux ayant été nécessaire en 1608, l'affaire des monnaies de cuivre fut une de celles qui passionnèrent le plus l'assemblée.

Un demi-siècle plus tard, l'impression de la crise était effacée, car les peuples asservis perdent jusqu'au souvenir. Les ministres de Philippe IV purent donc renouveler sans opposition l'expérience qui avait si mal réussi au duc de Lerme. Une petite monnaie, perdant les quatre cinquièmes de sa valeur nominale, fut émise en assez grande quantité, et pour la seconde fois le commerce et l'industrie disparurent, noyés, pour ainsi dire, dans un déluge de pièces fausses. On essaya de remédier au mal par un édit du 14 octobre 1664, qui réduisait à moitié la valeur de la monnaie de cuivre : triste expédient, qui ne servit qu'à compliquer le désordre. « Aussitôt, dit M. Weiss dans son excellente étude sur la décadence de la monarchie espagnole,[1] le prix des denrées augmenta dans toutes les provinces ; le pain manqua sur tous les marchés, et, pendant plusieurs jours, il n'y eut presque pas de transactions commerciales. Une grande effervescence régnait dans les villes de Cadix, de Séville, de Malaga et de Cordoue. » Comment finit cette crise ? Par une banqueroute générale et contagieuse, qui commença par l'état et entraîna tour à tour les particuliers.

Après avoir employé, pour la monnaie d'appoint, un billon assez valable jusqu'au milieu du dernier siècle, la Sardaigne eut à traverser des jours de crise, pendant lesquels on fit argent de tout. On imagina, entre autres ressources, de réduire la valeur intrin-

---

1 Publiée en 1834 ; 2 volumes.

sèque du billon. Le gouvernement ne considérait cette opération que comme une sorte d'emprunt forcé remboursable en des jours meilleurs. Lorsque, plus tard, on voulut retirer la monnaie affaiblie, on s'étonna d'en trouver trois ou quatre fois plus qu'on n'en avait émis. Observée au microscope, on en distingua jusqu'à quatorze variétés, ce qui prouve qu'en fort peu de temps, on en avait établi au moins quatorze manufactures. Pareille mésaventure était arrivée au roi de Prusse Frédéric II, lorsqu'il démonétisa un mauvais billon fabriqué pendant la guerre de sept ans.

On nous reprochera peut-être d'aller chercher trop loin des exemples peu concluants pour nous. Citons donc un pays dont les mœurs commerciales diffèrent peu des nôtres. L'Angleterre attachait si peu d'importance au cuivre monnayé, que, jusqu'au commencement de notre siècle, le gouvernement ne s'était pas réservé le privilège d'en émettre. Un usage très ancien autorisait les négociants à faire frapper des pièces de confiance, sortes de billets au porteur qu'on acquittait à présentation, soit en espèces d'or et d'argent, soit en marchandises. Chacun en déterminait à sa volonté le poids et la forme.[1] Le souscripteur de ces billets métalliques y inscrivait son nom et la valeur dont ils étaient le gage. Assez ordinairement, on y faisait graver une effigie populaire ou un trait de l'histoire nationale, et, comme les maisons riches mettaient vanité à ce que ces pièces fussent d'un bel aspect, il en est plusieurs qui se sont classées comme œuvres d'art dans les collections de médailles. Cette coutume donna l'essor à une industrie spéciale ; Un mécanicien que Watt prit pour son associé et qui devint célèbre à son tour, Boulton, établit, en 1788, près de Birmingham, un atelier de monnayage, où il perfectionna les procédés de cet art au point d'acquérir une réputation européenne pour la beauté de ses types et l'abondance de sa fabrication.

Or, le gouvernement anglais, qui croyait, comme tout le monde, pouvoir donner au signe de cuivre une valeur tout-à-fait conventionnelle, faisait frapper de la menue monnaie au tiers de sa valeur intrinsèque. Tentée par une prime de 200 pour 100, la contrefaçon se développa d'une manière vraiment effrayante. On aurait peine à croire les détails recueillis à ce sujet, s'ils n'avaient pas été révélés

---

1 Ces pièces portaient en effet le nom de signes, *tradesmen's tokens*, ou de *billets de cuivre*, copper notes.

par un grave magistrat dans un livre dont l'opinion publique fut tellement frappée, qu'on en fit coup sur coup six éditions. Suivant Colquhoun, qui écrivait en 1800 son curieux traité sur la *Police de Londres*, le faux monnayage, et notamment la fabrication de la monnaie de cuivre, avait pris de tels développements, qu'on en avait fait en quelque sorte une industrie normale. Il y avait des graveurs à l'usage spécial des faux monnayeurs, des entrepreneurs pour la confection des pièces, des courtiers de diverses classes pour placer cette marchandise. Trois hommes habiles et bien outillés pouvaient confectionner en six jours pour 100 livres sterling de cuivre, et lui donner une valeur nominale trois fois plus forte. Le fabricant faisait une forte remise au marchand, qui lui-même revendait les pièces bien au-dessous du cours légal. Aussi la clientelle de ces derniers était-elle nombreuse : elle se recrutait surtout parmi les industriels de la rue, juifs ambulants, manœuvres irlandais, colporteurs, maquignons, cochers de fiacres ; on y voyait aussi bon nombre de petits boutiquiers, de petits caissiers, des commis de péages qui avaient l'art de doubler leurs revenus en glissant dans les échanges de monnaie des pièces contrefaites. On faisait aussi l'exportation : « A peine partait-il de la capitale, dit Colquhoun, une voiture publique ou un roulier qui ne fût chargé de quelque caisse ou de quelque ballot de fausse monnaie pour les camps, pour les ports, pour les villes de manufactures. » Il n'est pas surprenant que la contrefaçon, facilitée par un si grand nombre de complices, eût pris un développement prodigieux : on assure que les *pence* de fabrique particulière se trouvèrent quarante fois plus nombreux dans la circulation que la monnaie légale.

Certes, le gouvernement n'était pas indifférent à un aussi grand désordre. On découvrit dans l'espace de sept ans jusqu'à six cent cinquante faussaires, qui furent mis en jugement, condamnés pour la plupart, et quelquefois pendus. Un redoublement de sévérité avait été jugé nécessaire au moment où Colquhoun écrivait, et la police avait la main suspendue sur cent vingt industriels faisant leur spécialité du faux monnayage, savoir : dix mécaniciens ou graveurs confectionnant les outils, cinquante-quatre fabricateurs de fausse monnaie et cinquante-six commerçants en gros, autour desquels s'agitait la tourbe des petits fraudeurs. Une partie des coupables subit la rigueur des lois ; un plus grand nombre parvint à s'y soustraire, parce que, les lois anglaises n'autorisant pas les poursuites préventives, il était fort difficile de constater le flagrant délit. La menue monnaie glisse de main en main avec une rapidité dont on s'étonnerait, s'il était possible de la calculer. Quand les mauvaises espèces ont absolument la même valeur et le même aspect que les bonnes ; lorsque les différences, s'il en existe, sont à peine perceptibles à la loupe, le détenteur de pièces fausses, surtout lorsqu'il est boutiquier, ne peut-il pas invoquer l'excuse de sa bonne foi ? D'ailleurs un plus grand péril ne diminue jamais beaucoup le nombre des délits, quand il y a un grand profit à les commettre. Un gain considérable réalisé à coup sûr, l'aisance et peut-être la richesse acquises en peu d'années, ce sont là des séductions trop fortes pour cette classe d'individus qui, sans moyens réguliers d'existence, languissent dans cette perpétuelle irritation, dans ce ténébreux état de la conscience que causent les besoins à moitié satisfaits. La misère use la moralité. On s'étourdit peu à peu sur le danger, et on s'abandonne sur cette pente du crime que l'imprudence des législateurs a rendue trop glissante.

Les voies de rigueur ayant été épuisées sans succès, le gouvernement anglais se figura qu'il mettrait sa monnaie d'appoint à l'abri de la fraude en lui donnant un cachet artistique. Il s'adressa, en 1799, au fameux Boulton pour faire fabriquer des sous avec un poinçon très beau et un soin tout-à-fait exceptionnel. Quarante millions de pièces, représentant une somme de 166,666 livres sterling, furent jetées dans la circulation. On n'essaya pas, comme chez nous, de retirer le vieux cuivre monnayé tant bien que mal, dans la persuasion où on était qu'il allait disparaître devant les produits d'un artiste réputé inimitable ; au contraire, les fraudeurs prirent à tâche d'anéantir les belles médailles et de les remplacer par des pièces de leur façon. Storch dit à ce sujet : « Un voyageur qui a vu l'Angleterre en 1806 nous assure que la monnaie de Boulton avait presque entièrement disparu dès cette époque, et que la circulation était encore inondée de pièces fausses. »

Quel remède opposa-t-on donc à ce mal opiniâtre ? On fit précisément le contraire de ce qu'on va essayer chez nous. Après avoir conseillé les mesures pénales les plus opposées aux habitudes anglaises, comme les visites domiciliaires au premier soupçon, la confiscation des monnaies suspectes, de fortes primes accordées aux dénonciateurs, Colquhoun ajoutait : « Il est également certain que la nation retirerait de grands avantages d'une augmentation de poids de la monnaie de cuivre, qui la rapprocherait autant que possible de la valeur intrinsèque du métal dont elle est composée. » Ce sage conseil fut suivi. On donna au penny le poids de l'once anglaise (28 grammes 34 centièmes), proportion qui équilibrait la valeur légale avec le prix de revient. Le but était en quelque sorte dépassé, car il n'est pas nécessaire, pour empêcher le faux monnayage du cuivre, d'en élever le cours à sa valeur intrinsèque : il suffit que la plus-value ne soit pas assez forte pour satisfaire tous les complices. Aujourd'hui, on taille 24 deniers dans la livre anglaise, de sorte que le penny, qui correspond en valeur à notre décime, pèse 18 grammes 89 centièmes, proportion qui réduirait à 50 pour 100 environ les profits du faux monnayage. Cette prime est insuffisante pour compenser les mauvaises chances du métier.

Notre propre histoire offre un exemple plus décisif encore. La convention s'était déjà laissé séduire, comme il arrive aujourd'hui, par l'idée de coordonner l'échelle monétaire avec l'ensemble du système métrique. Trouvant ingénieux de faire un poids de chaque monnaie de bronze, elle fit fabriquer, par son décret du 15 août 1795., des pièces de 1, 2, 5, 10 et 20 centimes au poids de 1, 2, 5 ; 10 et 20 grammes. Qu'on le remarque bien cette proportion est exactement celle que le nouveau système reproduit, à l'exception des pièces de 20 centimes en bronze, remplacées aujourd'hui par de très petites pièces d'argent. Une première émission de 4,385,352 fr. eut lieu, et aussitôt des troubles inquiétants se manifestèrent dans la circulation.

En rappelant la mésaventure de l'an III, on a essayé d'en atténuer la portée. On a dit qu'en recevant des pièces réduites à moitié, le public de cette époque les considérait comme des assignats métalliques, et que l'on craignait la surabondance des sous. Il y en avait à cette époque moitié moins qu'aujourd'hui, et le décret qui démonétise les 4 millions de sous reconnus trop faibles ordonne qu'on en fabrique d'urgence pour 10 millions d'un poids ordinaire, On a dit encore que la monnaie à poids réduit devait circuler d'une manière permanente en concurrence avec l'ancienne ; mais le décret de 1795, qui prescrit une coordination systématique de toutes les monnaies, semble indiquer au contraire que les anciennes pièces

La Refonte des Monnaies de cuivre

de cuivre devaient disparaître. D'ailleurs, les gros et les petits sous n'ont circulé concurremment que pendant une année au plus. Est-ce qu'aujourd'hui il ne se passera pas quatre ans au moins pendant lesquels les monnaies anciennes circuleront concurremment avec la nouvelle fabrication ?

La véritable cause de la répulsion subie par les petits sous de 1795 ressort avec une irrécusable évidence des débats qui eurent lieu au conseil des anciens dans la séance du 24 octobre 1796. Un des membres de la commission, Lecouteulx de Canteleu, qui fut depuis sénateur, résuma ainsi les opinions et les faits énoncés par Lafond-Ladebat, Dupont de Nemours et plusieurs autres : « La monnaie est refusée dans les départements et dans les principaux marchés qui approvisionnent Paris. Il en résulte que dans ces marchés on proportionne les denrées de première nécessité au cours de cette dernière ville. Telle denrée qui, payée en bonne monnaie, ne vaudrait que 20 sous est portée à 30 sous en monnaie affaiblie, parce que c'est le cours de Paris. » Le même orateur dit plus loin qu'il arrive d'Angleterre des bateaux chargés de sous contrefaits, et que, si on tarde à prononcer la démonétisation, au lieu d'une somme de 4 millions à rembourser, il faudra trouver 30 millions. Le retirement de la monnaie faible fut en effet décrété. Au moyen d'un refrappage, les pièces de 20 et de 10 centimes furent remises en circulation pour 10 et pour 5 centimes seulement. La somme de 4,385,000 fr., montant de la fabrication précédente, se trouva ainsi réduite à 1,677,000 fr. Il y eut perte pour le trésor de 2,700,000 fr., sans compter les frais inutiles.

Après la triste expérience qu'on venait de faire, l'opinion publique se précipita, suivant l'usage, dans une exagération opposée, et il y eut un moment où l'on considéra comme indispensable de donner à la monnaie d'appoint une valeur rigoureusement intrinsèque, en évitant les alliages de métaux dont il est difficile de vérifier le titre, et le cuivre pur qu'il faudrait tailler en pièces trop volumineuses. Un savant renommé, qui était en même temps l'un des administrateurs de la Monnaie de Paris, Guiton de Morveau, imagina de faire encastrer des parcelles d'argent dans des bordures de cuivre. Le coin devait porter sur les deux métaux. De cette manière, disait-il, on pouvait assurer la valeur des espèces, tout en leur donnant les poids et les dimensions les plus commodes. Quelques pièces furent exécutées sur ce modèle, mais cet essai eut peu de partisans. On lui reprocha avec raison d'exagérer le coût de la main-d'œuvre, et de ne laisser aucun moyen de constater la bonté de l'argent, puisqu'il faut toucher les pièces par la tranche pour en vérifier le titre.[1] Un autre administrateur de la Monnaie, Mongez, de l'Institut, proposa de fabriquer des petites pièces d'argent qu'on percerait par le milieu, comme font certains peuples orientaux, de manière à ne leur laisser qu'une valeur intrinsèque de 10 centimes. La conclusion de cette controverse fut qu'il était possible de mettre le cuivre monnayé à l'abri de la contrefaçon, en évitant d'élever le cours légal trop au-dessus du prix de revient, et que la proportion des anciens sous (environ 2 grammes par centime) resterait la plus rationnelle, tant que les cours relatifs de l'argent et du cuivre dans le commerce ne seraient pas sensiblement modifiés.

Tous les partisans de la mesure adoptée répètent, en paraphrasant l'exposé des motifs, que la contrefaçon n'est plus à craindre, qu'elle sera déjouée par la supériorité du travail. Les pièces de bronze que l'on veut substituer aux pièces informes et disparates qui déshonorent notre système monétaire se distingueront, assure-t-on, par la pureté du métal et par la beauté des empreintes : idéal qui ne peut être atteint qu'avec le concours des artistes les plus éminents, et au moyen du puissant matériel dont l'administration seule dispose. Comment d'obscurs faussaires, poussés par la misère à leur criminelle industrie, réduits à craindre le bruit et la lumière, pourraient-ils arriver à la même perfection. L'infériorité de leur travail les dénoncerait aussitôt. Si le faux-monnayage, organisé sur une grande échelle par des gens munis de capitaux, employait les moyens de fabrication dont le gouvernement se réserve l'usage, il lui faudrait un développement d'outillage et un personnel nombreux qui n'échapperaient pas longtemps à l'active surveillance de la police. Par les mêmes raisons, les ateliers de contrefaçon qui s'établiraient à l'étranger ne tarderaient pas à être découverts, et, à coup sûr, les gouvernements voisins ne se déshonoreraient pas en tolérant sur leur territoire la fabrication frauduleuse de la monnaie française. D'ailleurs, pour recouvrer les frais d'un vaste établissement, il faudrait opérer sur de grosses masses métalliques, et alors comment introduire des chargements de cuivre monnayé malgré

---

1 Voir dans le *Traité des Monnaies* de Bonneville, l'introduction de Mongez.

La Refonte des Monnaies de cuivre

la vigilance de la douane ? Comment lancer dans la circulation des millions de pièces neuves sans éveiller les soupçons de l'autorité ? Qu'on ne craigne donc pas, ajoute-t-on, de provoquer les faussaires en affaiblissant la valeur de la monnaie d'appoint. C'est le contraire qui aura lieu. On découragera la fraude en substituant de belles médailles de bronze à ces pièces sans empreintes que les contrefacteurs peuvent imiter clandestinement par les moyens les plus grossiers.

Nous venons de reproduire l'opinion opposée à la nôtre, et certes ou ne nous reprochera pas de l'avoir atténuée. Si bien fondée qu'elle paraisse, elle ne saurait soutenir un examen basé sur l'exacte connaissance des faits.

L'imitation de la petite monnaie s'effectue de deux manières, par le moulage ou par le frappage. Le faussaire qui a recours au premier moyen, n'obtenant pas des épreuves bien nettes, ne peut guère imiter que des pièces déjà détériorées par le frottement. Celui qui procède par le frappage ou par la pression obtient des empreintes vives et luisantes, et il a plus de facilités pour sa criminelle entreprise, lorsqu'elle coïncide avec une émission de pièces nouvelles.

Dans l'état actuel, un bénéfice de 50 pour 100 sur la fabrication des sous ne serait pas assez fort pour qu'on fît graver des coins et monter des appareils de laminage et de pression. Le faux monnayage, s'il existe accidentellement, est pratiqué d'une manière grossière et peu dispendieuse au moyen du moulage. Il est évident que cette misérable industrie serait immédiatement anéantie par l'émission d'une très belle monnaie. Au contraire, si la réduction du poids montrait en perspective un bénéfice très considérable, même après l'achat des instruments expéditifs et perfectionnés, la cupidité résisterait-elle à une pareille tentation ?

On nous dit que les médailles fabriquées dans les ateliers de l'état seront d'une beauté désespérante. Ce n'est pas la première fois que les gouvernements se font de pareilles illusions. Déjà, pour cette monnaie de 1795 qu'il a fallu détruire, on parlait de bronze épuré, et de gravure soignée. Nous venons de dire qu'en 1799 le gouvernement anglais essaya de conjurer la fraude en confiant la fabrication des sous à un artiste que l'on croyait inimitable, et que peu d'années après les belles médailles de Boulton avaient disparu, noyées, pour ainsi dire, dans le flot des pièces contrefaites. Si beaux que soient les types adoptés par la Monnaie de Paris, il se trouvera en Europe des graveurs assez habiles pour les reproduire de manière à faire illusion. Ne parvient-on pas à contrefaire les médailles antiques avec une dextérité qui trompe souvent les yeux défiants des amateurs ?

Il semblerait encore, d'après ce qu'on a pu lire dans plusieurs journaux, que les appareils nécessaires pour obtenir de belles épreuves exigent des avances très considérables, et qu'ils sont trop compliqués, trop bruyants pour être employés à une œuvre clandestine. Il en est ainsi quand les types s'impriment sous le choc répété du balancier mis en mouvement par la machine à vapeur ; mais les progrès de l'art mécanique sont incessants. Il y a maintenant des agents muets, marchant avec une énergie, une précision et une prestesse bien supérieures à celles des anciens instruments. Ce sont les presses monétaires. L'invention était nouvelle lorsque la discussion s'engagea à la tribune en 1843, et déjà un homme spécial, M. Poisat, disait dans un excellent discours qu'il eût été bon de relire : « Le projet même donne les moyens à la fraude en proposant de substituer aux balanciers, qui font du bruit et qui exigent une force motrice considérable, la presse monétaire, qui tient peu de place, qui agit silencieusement, et qui, *avec la force de quelques hommes*, peut produire jusqu'à 100,000 pièces en vingt-quatre heures. » Il est probable que, depuis cette époque, l'instrument a encore été perfectionné. Il est décrit dans les livres et exposé dans les musées industriels. Il y en avait divers modèles à l'exposition de Londres, dans la salle des machines en mouvement. Nous nous souvenons d'y avoir vu, entre autres, une presse monétaire de petite dimension, manœuvrée sans peine par deux ou trois personnes, et produisant sous le coup d'œil rapide des passants d'assez belles médailles à l'effigie de la reine. Le prix d'une machine comme celle que l'on proposait d'acheter en 1843 était de dix à douze mille francs. Celle que nous avons vue à Londres était probablement d'une valeur moindre encore, de sorte qu'une fabrication de 100,000 décimes en vingt-quatre heures la paierait en deux ou trois jours. C'est là, nous le savons bien, un maximum de production qui ne peut être atteint qu'exceptionnellement ; mais, à ce qu'il paraît, on obtient aisément une moyenne de 20,000 pièces par jour. Dans ces limites, les contrefacteurs produiraient par an neuf millions de décimes, valant 900,000 fr. Le métal, à raison de dix grammes au décime, aurait coûté environ 200,000 fr. En affectant une centaine de mille francs aux frais d'outillage et de manipulation, il resterait un bénéfice nets de 600,000 fr., qu'un très petit nombre de personnes pourraient se partager.

On prétend que la difficulté est moins de fabriquer la monnaie que de lui donner cours, que les coupables se dénonceraient eux-mêmes en émettant des millions de pièces neuves. Il nous semble au contraire que la fraude serait singulièrement favorisée par une refonte générale de la petite monnaie. Les sous en circulation aujourd'hui sont protégés contre la contrefaçon par leur vétusté même. Des pièces obtenues par le procédé expéditif de la presse ne pourraient être lancées que si on les remaniait une à une pour en amortir l'éclat : de là un travail disproportionné avec les bénéfices ; mais, si le projet à l'étude était sanctionné, la substitution des pièces nouvelles aux anciennes durerait quatre ou cinq ans. Pendant cette période, il y aurait dans toutes les caisses, dans toutes les poches, des pièces neuves auxquelles l'œil et la main ne seraient pas accoutumés. Entre ces pièces fabriquées la veille, supposez une identité parfaite de matière, de poids et d'aspect ; la chose est possible, et elle est à craindre : comment distinguera-t-on les valeurs frauduleuses dans ce torrent d'affaires où roule incessamment la monnaie de cuivre ? Des affidés multipliant les petits achats, un commis distribuant des salaires dans de grandes entreprises, un marchand dans son comptoir, et surtout un de ces changeurs comme il y en a dans toutes les villes, qui opèrent spécialement sur les monnaies de cuivre, suffiraient pour en répandre de très fortes sommes sans éveiller les soupçons.

Beaucoup de personnes inclinent à croire que la surabondance de la menue monnaie dans le commerce est une facilité de plus, et que les sous décimaux, fussent-ils multipliés par la contrefaçon, ne sauraient influencer le prix des marchandises, puisqu'ils sont destinés uniquement à servir d'appoint : c'est là une bien dangereuse erreur. Qu'est-ce donc qu'un appoint ? Nous lisons dans l'exposé des motifs qu'aux termes d'un décret de 1810 « la monnaie de cuivre ne pourra être employée dans les paiements, si ce n'est de gré à gré, que pour l'appoint de la pièce de cinq francs.[1] » Chacun pourrait donc forcer son créancier, quel qu'il fût, à accepter en paiement une valeur nominale d'un peu moins de 5 francs en cuivre. Or, sur les trente-six millions d'êtres humains qui composent le peuple français, il y en a vingt-quatre millions, les deux tiers, dont le revenu total, provenant de leurs salaires, ou, le croirait-on ? de leurs propriétés, ne dépasse pas 50 centimes par jour ! Cette moyenne comprenant en assez grand nombre les ouvriers qui gagnent de bonnes journées, il en résulte que les autres sont réduits à une dépense de quelques centimes pour satisfaire tous leurs besoins. L'argent n'entre guère dans ces ménages, dont les chefs rapportent le soir 1 fr. 50 cent. à 2 fr. pour quatre à cinq bouches affamées. On ne s'y plaint guère, hélas ! d'y être trop chargé par le cuivre ! Recettes et dépenses s'y font en gros sous. Quelle perte énorme pour ces familles ! que de souffrances en perspective, si la petite monnaie, subissant une dégradation insensible, allait perdre de sa puissance d'achat !

Ne nous laissons pas fasciner par ce mot d'appoint. Nous allons avancer une chose qui paraîtra incroyable à première vue, en disant que le tiers et peut-être la moitié des transactions qui ont lieu en France se soldent avec des sous, et cependant cette conjecture est très soutenable. On estime que la France possède pour 50 millions de sous et pour 2 à 3 milliards d'or et d'argent monnayés. Est-ce qu'il ne se fait pas cent fois plus d'affaires avec 100 francs en sous qu'avec 100 francs en or ? En supposant que chaque sou changeât de maître une fois par jour, et cette hypothèse n'a rien d'exagéré, il en résulterait un mouvement de 18 milliards, et cette somme correspondrait probablement au tiers, sinon à la moitié des achats et des dépenses qui se soldent chaque année en France.

Il y a d'ailleurs beaucoup de circonstances où le cuivre cesse évidemment d'être un signe pour reprendre sa qualité de marchandise monétaire : c'est ce qui arrive chez les personnes qui, recevant par profession beaucoup de petite monnaie, sont obligées parfois d'en opérer le change contre de l'argent. Il n'est pas rare que les détaillants de la campagne, ceux qui exploitent les marchés et les foires,

1 Avant cette loi de 1810, on était sous l'empire de l'ordonnance de 1738, qui autorisait à faire entrer le cuivre jusqu'à concurrence de 10 livres dans les paiements de 400 francs et au-dessous, et dans la proportion d'un quarantième pour les sommes au-dessous de 400 livres.

La Refonte des Monnaies de cuivre

aient en caisse des masses de sous. D'un autre côté, les chefs de fabrique et les gros fermiers sont souvent obligés de se procurer des sous pour payer leurs salariés, qui préfèrent la petite monnaie : de là un agiotage qui n'est pas sans importance, quoiqu'on ne paraisse pas même en avoir soupçon dans les hautes sphères du monde politique. Il n'y a peut-être pas de chefs-lieux de cantons où il ne se trouve un ou plusieurs boutiquiers enrichis qui ajoutent à leur spécialité le change de cuivre, et ceux-ci ont quelquefois en magasin pour des sommes considérables de leur marchandise. Le change varie selon les pays et les circonstances. Il en coûte ordinairement 20 sous pour avoir 100 francs en menue monnaie, et, quand on offre du cuivre pour de l'argent, le change s'élève de 2 à 5 pour 100. Il y a à Paris plusieurs changeurs de sous qui accaparent ceux que reçoivent les marchands des halles, les facteurs, les gens de petits métiers, et qui en font même venir des provinces où il y a engorgement ; ils vont les revendre la veille des jours fériés aux marchands de vin des barrières. Un de ces négociants entre autres colporte ces sous dans deux voitures qui lui appartiennent, et réalise, à ce qu'on nous a assuré, un bénéfice de 6 à 7,000 francs par année.

Les petits marchands de la campagne ont recours à divers moyens pour éviter la perte du change. Dans plusieurs pays, et notamment en Bretagne, les boutiquiers ne donnent pas une commission à leurs fournisseurs sans stipuler qu'il y aura un tiers ou un quart de la somme payée en petite monnaie. Dans certaines villes, on fait circuler le cuivre sans le déplacer. Le débiteur se libère en souscrivant un billet au porteur payable en sous, et ce billet court de mains en mains comme un papier de banque jusqu'au jour où un des porteurs éprouve le besoin de réaliser. Mais la perspective d'un recouvrement en une valeur qu'il n'est pas possible d'utiliser sans perte exerce une influence sur les transactions. On se dédommage naturellement en élevant le prix des services et des marchandises en proportion du sacrifice qu'on est obligé de faire pour le change.

Il y a, avons-nous dit, dans les deux mille huit cent trente-quatre cantons de la France, plusieurs milliers de commerçants qui trafiquent sur le cuivre, et qui ont en mains pour des millions de gros sous. Ces spéculateurs se contentent aujourd'hui d'une prime de 20 à 30 francs, lorsqu'ils reçoivent une caisse de monnaie pesant 100 kilogrammes, parce que la valeur effective des sous n'est pas mise en question. N'exigeront-ils pas une prime beaucoup plus forte, lorsque ce même poids de 100 kilogrammes, au lieu de représenter 500 francs, aura acquis du jour au lendemain une valeur idéale de 1,000 francs ? N'hésiteront-ils pas à emmagasiner des sous jusqu'à ce que la monnaie réduite ait pris un cours naturel et incontesté ? Si pareille chose arrivait sans que le gouvernement y remédiât par le moyen que nous indiquons plus loin, deux effets également déplorables se produiraient aussitôt. D'une part, la crainte d'un discrédit rendant les sous beaucoup plus rares dans les campagnes, les achats qui ne s'y font qu'en petite monnaie se ralentiraient progressivement ; d'autre part, le détaillant, entrevoyant une perte possible sur la monnaie qu'il serait obligé de recevoir, se dédommagerait en élevant dans une proportion plus forte, suivant l'usage, le prix de toutes les menues denrées, et, comme en définitive ce sont les possibilités de la vente en détail qui déterminent le cours des marchandises, il se produirait une hausse fictive, ressentie même dans les hautes sphères commerciales. Qui perdrait à ce dérangement d'équilibre ? L'état d'abord, c'est-à-dire les contribuables, et ensuite les salariés de toutes classes. L'état, condamné par sa propre loi à recevoir de la monnaie au-dessous de cinq francs, toucherait une notable partie des petites contributions en espèces dont le change présenterait de la perte. On verrait aussi des chefs d'industrie cédant à la malheureuse pensée d'acheter du cuivre au-dessous de sa valeur nominale pour payer leurs ouvriers, spéculation qui leur procurerait le même bénéfice qu'une réduction de salaires. Si de tels désordres venaient à se produire, il faudrait recourir en toute hâte au remède déjà employé en 1796 ; il faudrait retirer de la circulation la monnaie trop faible de poids : il en coûterait pour cela une quarantaine de millions, et ce sacrifice d'argent ne serait pas la plus grande perte subie par le pays.

Qu'on ne nous accuse pas d'assombrir un tableau de fantaisie ; nous faisons tout simplement de l'économie politique appliquée. Nous rapportons à une situation donnée ce que les théoriciens ont exprimé d'une manière générale en parlant des monnaies de cuivre, Say, dont on invoque avec raison le témoignage, dit que lorsqu'on pouvait payer en cuivre la quarantième partie des achats, cette circonstance réagissait en hausse sur les prix. « Les vendeurs de toute espèce de marchandises, dit-il, qui, sans savoir les causes qui influent sur les valeurs des monnaies, connaissent bien ce qu'elles valent, faisaient leurs prix en conséquence. » M. Michel Chevalier est plus explicite encore. Le talent dont il a fait preuve dans son excellent livre sur les monnaies[1] donne tant d'autorité à son jugement en pareille matière, que nous nous faisons un devoir de le citer. Lorsqu'il y a dépréciation du cuivre, dit-il, « les marchands détaillants auxquels il en arrive des quantités excessives, et qui ne peuvent le refuser de leurs pratiques, n'ayant pas le moyen de l'écouler, font un sacrifice avec les marchands en gros ou avec les autres personnes qui consentent à s'en charger ; mais ce sacrifice retombe tout droit sur le public, car ils ne se font pas faute d'élever le prix de leurs denrées tout au moins du montant de la perte qu'ils ont subie. »

Une observation également importante nous a été communiquée par une personne qui a étudié avec intelligence et sympathie les diverses industries rurales. Les sous étrangers circulent facilement dans les campagnes, lorsqu'ils sont en apparence de même poids et de même valeur que les nôtres. Les sous anglais sont nombreux sur les côtes de la Manche, les sous suisses dans les départements de l'est, les sous piémontais dans l'Isère et la vallée du Rhône. Nos départements du nord sont parfois inondés de sous belges. Certaines médailles de confiance, frappées pendant la révolution, ont également cours. On nous assure que la valeur nominale de ces diverses pièces est au moins de six millions. La loi nouvelle se tait à ce sujet. Il y a là en effet une de ces difficultés qu'il n'est pas facile de résoudre. Les sous étrangers sont moitié plus gros que ceux qu'on doit faire. Si on continue à les recevoir dans les campagnes, c'est qu'ils y jouiront d'une faveur inquiétante pour le nouveau système. Les retirer en les remboursant comme les autres, c'est offrir une prime à une introduction croissante ; les démonétiser purement et simplement, leur faire subir une perte de 150 pour 100 en les réduisant à l'état de vieux cuivre, c'est enlever trois ou quatre millions aux classes les plus pauvres, et on sait combien le paysan est sensible aux moindres pertes.

Une autre considération commanderait une extrême prudence dans la réforme monétaire qu'on projette. L'or commence à subir

---

1 Ce traité, publié l'année dernière, forme le troisième volume du *Cours d'Economie politique*.

une dépréciation qui doit augmenter chez nous la valeur relative de l'argent. On sait que, dans les pays où la loi reconnaît plusieurs métaux pour mesures des prix et prétend fixer entre eux une proportion nécessairement variable, le métal qui est surévalué chasse l'autre, et reste seul dans la circulation. La raison en est simple. Le débiteur emploie naturellement pour se libérer le métal qui lui coûte le moins cher. Au siècle dernier, la loi anglaise attribuait à l'or monnayé une valeur légale supérieure au cours de l'or en lingots, tandis que l'argent se trouvait estimé au-dessous de son cours réel. Avec une livre d'or achetée en monnaie française 1,163 francs, on pouvait payer à Londres une dette de 1,168 francs, et au contraire, pour payer en argent cette même somme, il eût fallu envoyer au monnayage un lingot de quinze livres coûtant 1,200 francs. Le paiement en or procurait donc un bénéfice net de 37 francs, soit 3 un quart pour 100. L'or devint naturellement l'agent de toutes les transactions, le régulateur de tous les prix. L'argent prit écoulement vers l'étranger, et on ne parvint à le retenir qu'en le démonétisant, c'est-à-dire en lui laissant son prix naturel relativement à l'or, au lieu de lui attribuer un prix arbitraire par une fiction légale. Cette circonstance, coïncidant avec la surabondance de cuivre multiplié démesurément par le faux monnayage, a contribué à exhausser le prix des marchandises, du moins celui des denrées usuelles, à un niveau supérieur au cours des autres marchés. L'or, resté seul étalon des prix, ayant une estimation légale supérieure à sa valeur d'échange dans la proportion d'un vingt-septième, ou près de 4 pour 100, les marchands prirent l'habitude, dans les ventes, d'augmenter les prix de toutes choses d'environ 4 pour 100. Indifférentes aux gens qui vendent et achètent par métier, les variations de ce genre sont des fléaux pour ceux qui n'ont pas la faculté de rétablir l'équilibre, tels que les rentiers et les salariés.

Nous sommes menacés en France d'une perturbation bien plus profonde encore. La loi, reconnaissant deux métaux régulateurs, déclare que la valeur de l'un est supérieure à celle de l'autre dans le rapport de 1 à 15 et demi. Jusqu'en ces derniers temps, la loi s'est accordée suffisamment avec les faits commerciaux ; mais il est clair pour tous les yeux que nous sommes à la veille d'une grande révolution monétaire. Suivant les calculs de M. Michel Chevalier, la production annuelle de l'or est six fois plus forte qu'au commencement du siècle. Il nous arrive, avec une abondance toujours croissante, de la Sibérie, de la Californie, de l'Australie. De 1795, date originaire du système décimal, jusqu'en 1849 inclusivement, le monnayage de l'or n'a pas dépassé chez nous 23 millions par année moyenne ; il était même tombé à 2 millions en 1846. Nos belles pièces de vingt francs passaient alors à l'étranger, où elles trouvaient un emploi plus profitable que chez nous ; on ne pouvait se procurer l'or qu'en payant une prime aux changeurs ; toutes les affaires se soldaient en argent. Survint, à partir de 1850, une dépréciation de l'or déterminée par une réforme monétaire en Hollande et par les merveilles de la Californie. Le rapport des deux métaux précieux se régla dans le commerce de 1 à 15, de sorte qu'en achetant l'or au-dessous du prix que l'état lui attribuait, on pouvait réaliser un bénéfice de 3 pour 100.

Il en coûte, comme chacun sait, 20 centimes par 100 francs pour faire frapper à l'empreinte de l'état les lingots qu'on envoie à l'hôtel des monnaies, et cet établissement est outillé pour produire chaque jour 1 million de francs en espèces d'or. Quiconque était en mesure d'acheter pour 970,000 francs d'or en barres, et d'y ajouter 2,000 fr. pour la façon, recevait le lendemain la somme d'un million ayant cours légal et forcé. C'était un bénéfice de 28,000 francs par jour obtenu sans risques et sans peine. Un tel commerce était bien séduisant. Aussi la fabrication des monnaies d'or, qui était, comme nous l'avons vu, de 2 millions en 1846, s'est-elle élevée à 115 millions en 1850, et à 254 millions pendant les onze premiers mois de 1851. Il y a eu probablement en ces deux années un bénéfice d'une dizaine de millions à partager entre le petit nombre des capitalistes assez haut placés pour dominer les fluctuations monétaires sur les divers marchés du monde, bénéfice, hélas ! qui sera payé tôt ou tard, soit par l'état, s'il prend la perte à son compte lorsque l'on démonétisera l'or, soit par les particuliers, si on ne les dédommage pas lorsque l'or tombera au-dessous de son cours.

Depuis le mois de décembre, le monnayage de l'or s'est ralenti : le bénéfice est moindre, parce que les prix du commerce se sont rapprochés du tarif légal ; mais cet équilibre ne saurait être de longue durée. La Russie est en mesure de jeter une valeur de 100 millions chaque année dans la circulation. La Californie a réalisé, dit-on, une somme de 344 millions dans sa campagne de 1851.

Les résultats obtenus en Australie dépassent les espérances. La récolte serait phénoménale, si l'exploitation n'était pas contrariée en certains lieux par le manque d'eau. Une révolution fondamentale dans le commerce du monde tient peut-être à la découverte d'une source, à la perforation d'un puits artésien ! En attendant, les derniers avis nous apprennent que l'or, qui, depuis quarante ans, ne s'est jamais réglé à Londres au-dessous du prix de 96 francs pour l'once anglaise, est offert dès à présent, sur le marché de Sydney, à raison de 70 francs. Quelles latitudes inconnues ouvertes devant ceux qui spéculent sur le monnayage des métaux !

Il est évident que de pareils secousses seront prochainement ressenties sur toutes les places commerçantes du monde. Qu'arrivera-t-il chez nous ? Démonétisera-t-on l'un des deux métaux précieux ? S'obstinera-t-on à régler par ordonnance leur valeur relative ? C'est là une des plus redoutables difficultés que l'avenir nous réserve, et nous ne voulons pas l'effleurer incidemment. On peut voir par quels liens cette grosse affaire se rattache à l'humble sujet qui nous occupe. Quelle que soit la résolution prise, il est certain que l'argent va devenir plus rare relativement, et que sa puissance d'achat augmentera en proportion de sa rareté. Le monnayage de l'argent, qui, depuis 1795, s'est élevé en moyenne à 80 millions par an, est tombé à 57 millions en 1851. Cet affaiblissement de la fabrication coïncide à coup sûr avec une exportation notable des pièces antérieurement frappées. Déjà on est presque obligé de solliciter comme une faveur d'être payé en pièces de 5 fr. Il est incontestable que plus l'argent se raréfiera dans la circulation, et plus le cuivre monnayé aura d'importance, et qu'on sentira de plus en plus l'inconvénient d'un trop grand écart entre la valeur intrinsèque de l'argent et celle du bronze. Le savant Mongez écrivait en 1806, en tête du traité presque officiel de Bonneville : « Si d'ici à quelque temps, la valeur nominale de l'argent augmente sensiblement, les monnaies de cuivre seront trop avilies ; il faudra avoir recours aux pièces d'argent encastrées ou percées par le milieu. » Nous espérons que cette parole ne sera pas prophétique. Toutefois on ne remarquera pas sans quelque inquiétude qu'on se prépare à réduire de moitié le poids du cuivre au moment même où l'argent va recevoir une plus-value bien supérieure à celle qu'il était possible de supposer il y a quarante ans.

La Refonte des Monnaies de cuivre

Nous avons invoqué tour à tour la théorie et l'expérience. Nous croyons avoir démontré que le cuivre monnayé est une marchandise comme les monnaies d'or et d'argent, mais une marchandise qu'on peut surévaluer sans inconvénient, tant qu'on ne dépasse pas le point au-delà duquel il y a chance de bénéfice pour la concurrence frauduleuse. De l'ensemble de nos recherches, il ressort avec une pleine évidence qu'un bénéfice d'environ 200 pour 100 à réaliser par la contrefaçon d'une monnaie est un appât auquel la cupidité a rarement résisté, que la perfection de la gravure n'est pas de nature à paralyser les faussaires, que la presse monétaire offre au travail clandestin de déplorables facilités, et que, si la contrefaçon parvenait, comme on doit le craindre, à multiplier outre mesure les monnaies d'appoint, il en résulterait un trouble dangereux dans le niveau déjà si fragile des gains et des dépenses populaires.

Est-ce à dire que l'affaiblissement de nos monnaies de cuivre doit aboutir nécessairement à d'aussi déplorables résultats ? Nos conclusions ne sont pas aussi rigoureuses. Parce que le crime de contrefaçon est possible, parce qu'il est à craindre, nous ne sommes pas autorisés à affirmer qu'il sera inévitablement commis. Des hommes expérimentés n'ont pas partagé les appréhensions dont nous ne pouvons-nous défendre : entre leur avis et le nôtre, l'expérience décidera.

Il y a chance d'ailleurs de paralyser les faussaires par une mesure de précaution dont l'idée se trouve en germe dans cette page de Say que nous avons citée. Il suffirait que, dans chaque canton, un des agents du ministère des finances eût commission spéciale pour pratiquer le change de la monnaie nouvelle, à peu près comme le font les courtiers dont nous ayons parlé. Ces commis échangeraient gratuitement et à la première réquisition le bronze contre l'argent et l'argent contre le bronze. Si les demandes se faisaient équilibre, ce serait la preuve d'une circulation normale. Si, au contraire, le cuivre offert en abondance s'accumulait dans les caisses publiques, l'autorité se tiendrait pour avertie. En soumettant les pièces à l'examen des experts, on parviendrait sans doute à discerner la contrefaçon, si elle avait lieu. La police, mise en demeure d'agir et à portée d'observer les canaux par où afflueriat la monnaie suspecte, remonterait tôt ou tard à la source du délit, et une justice exemplaire serait faite des coupables.

Il ne faut pas craindre d'exagérer les précautions et la vigilance. Qu'on y songe bien : dans les termes où la refonte de nos monnaies de cuivre doit s'effectuer, il ne s'agit de rien moins que de changer la mesure consacrée depuis des siècles pour le prix de tous les services, pour les transactions de tous les genres et de tous les instants. Dans une entreprise de cette nature, la prudence, pour être suffisante, doit être excessive.

ISBN : 978-1983862298

www.ingramcontent.com/pod-product-compliance
Lightning Source LLC
Chambersburg PA
CBHW070933220526
45468CB00005B/1753